변화기에 읽는

반야심경

이유림 지음

般若心經

摩訶般若波羅蜜多心經
觀自在菩薩行深般若波羅密多時
照見五溫皆空度一切苦厄舍利子
色不異空空不異色色即是空空即是色
受想行識亦復如是舍利子
是諸法空相不生不滅不垢不淨不增不減
是故空中無色無受想行識
無眼耳鼻舌身意無色聲香味觸法
無眼界乃至無意識界
無無明亦無無明盡乃至無老死亦無老死盡
無苦集滅道無智亦無得以無所得故
菩提薩埵依般若波羅密多故心無罣碍無罣碍故
無有恐怖遠離顛倒夢想究竟涅槃
三世諸佛依般若波羅密多故得阿耨多羅
三藐三菩提故知般若波羅密多
是大神呪是大明呪是無上呪是無等等呪
能除一切苦真實不虛故說般若波羅密多呪
即說呪曰揭諦揭諦波羅揭諦波羅僧揭諦
菩提娑婆訶

반야심경

마하반야바라밀다심경
관자재보살행심반야바라밀다시
조견오온개공도일체고액사리자
색불이공공불이색색즉시공공즉시색
수상행식역부여시사리자
시제법공상불생불멸불구부정부증불감
시고공중무색무수상행식
무안이비설신의무색성향미촉법
무안계내지무의식계
무무명역무무명진내지무로사역무로사진
무고집멸도무지역무득이무소득고
보리살타의반야바라밀다고심무가애무가애고
무유공포원이전도몽상구경열반
삼세제불의반야파라밀다고득아뇩다라
삼막삼보리고지반야파라밀다
시대신주시대명주시무상주시무등등주
능제일체고진실불허고설반야파라밀다주
즉설주왈아제아바라아제바라승아제
모지사바하

= 차 례 =

1. 摩訶般若波羅蜜多心經

2. 觀自在菩薩行深般若波羅密多時
   ① 照見五溫皆空度一切苦厄舍利子
   ② 色不異空空不異色色卽是空空卽是色
   ③ 受想行識亦復如是舍利子
   ④ 是諸法空相不生不滅不垢不淨不增不減
   ⑤ 是故空中無色無受想行識
   ⑥ 無眼耳鼻舌身意無色聲香味觸法
   ⑦ 無眼界乃至無意識界
   ⑧ 無無明亦無無明盡乃至無老死亦無老死盡
   ⑨ 無苦集滅道無智亦無得以無所得故

3. 菩提薩埵依般若波羅密多故心無罣碍無罣碍故
   ① 無有恐怖遠離顚倒夢想究竟涅槃
   ② 三世諸佛依般若波羅密多故得阿耨多羅

③ 三藐三菩提故知般若波羅密多

4. 是大神呪是大明呪是無上呪是無等等呪
　① 能除一切苦眞實不虛故說般若波羅密多呪
　② 即說呪曰揭諦揭諦波羅揭諦波羅僧揭諦
　③ 菩提娑婆訶

270자 〈반야심경〉의 '般若(반야)'는 등장인물과 함께 6회를 사용하였다. 〈반야심경〉은 부처님께 귀의한 사람들이나 수행자들에게 깨달음으로 가는 길을 밝혀놓으신 經(경)입니다.

1. 摩訶般若(마하반야)는 '크고 위대한 보살마하살 부처님 법의 수호자'이다.

2. 行深般若(행심반야)는 '관자재보살(마고할미=관음보살)부처님 대행자'이다.
①~⑨편까지 五蘊(오온)의 몸과 생각을 통합하여 의식 작용을 설명한 내용이다.

3. 菩提薩埵依般若(보리살타의반야)는 '정각 지혜를 얻기 위해 수행에 힘쓰는 사람들'이다.
①~③편 三世諸佛依般若(삼세제불의반야)는 삼세제불의 절대 진리에 의지하여 반야 지혜를 이루자.

4. 是大神呪是大明呪(시대신주시대명주)는 불타의

진실한 주문은 ①~③ 허구가 아니니 불타에게 기도하며 올바른 깨달음의 길로 나아가세!

1. 摩訶般若波羅蜜多心經
   (마하반야바라밀다심경)

크고 위대한 보살마하살(법의 수호자). 천신들의 왕으로 금강저를 들고 불법을 수호하고 계시는 분이시다.

2. 觀自在菩薩行深般若波羅密多時
   (관자재보살행심반야바라밀다시)

중생을 자유자재로 보는 마고할미(관음보살), 부처님 일을 대신하는 '대행자'다.
부처님의 가르침은 '眞如實相(진여실상)'이다.
'있는 그대로의 참모습'으로 세상을 바라보니 우주 법계의 진리가 지구에 투영되어 나타나고, 지구 최대의 재난인 전쟁, 질병, 기후 변화, 경제 공황 등으로 인류가 깊은 시름에 빠져들고 있다.

① 照見五溫皆空度一切苦厄舍利子
   (조견오온개공도일체고액사리자)

五蘊(오온)이 개공(皆空)이란 모두가 온전한 정신으로 살아가지 않고 다 함께 이익[受:수]을 누리려는 생각들로 도리(度:도)에 지나친 행동[行:행]을 하다가 일체의 모든 것이 끊어지고 괴롭고[苦:고] 불행[厄:액]한 일을 보게 된 것이다.

② 色不異空, 空不異色, 色卽是空, 空卽是色
　(색불이공, 공불이색, 색즉시공, 공즉시색)
'色'과 '空'이 다르지 않고, '空'과 '色'도 다르지 않다.
몸과 마음이 다르지 않고, '色'이 곧 '空'이요, '空'이 곧 '色'이다.
몸은 곧 마음이요, 마음이 곧 몸이니 몸과 마음은 하나다.

③ 受想行識亦復如是舍利子
　(수상행식역부여시사리자)
고통받고 살아온 것[受:수]을 생각[想:상]하고, 몸으로 겪은[行:행] 일들을 안다[識:식]면 또다시 되풀이되는 일이 없도록 해야 한다.

④ 是諸法空相不生不滅不垢不淨不增不減
　(시제법공상불생불멸불구부정부증불감)

만법의 진리는 生(생)하거나 滅(멸)하는 것도 아니고, 더럽거나[垢:구], 깨끗하지도[淨:정] 않으며, 더하거나[增:증] 감하는[減:멸] 것이 없이 순수 그 자체로다.

⑤ 是故空中無色無受想行識
　(시고공중무색무수상행식)
본래 진리를 통하고 보면 무엇을 꾸미려 하지 않아도 되고, 어려운 생각이나 행동은 하지 않아도 되고,

⑥ 無眼耳鼻舌身意無色聲香味觸法
　(무안이비설신의무색성향미촉법)
생각하고 활동하는 영혼이 없다면 몸의 감각에서 일어나는 심리적인 변화를 알 수 없고,

⑦ 無眼界乃至無意識界
　(무안계내지무의식계)
보이지 않는 정신세계에 이를 수 없어, 사물을 판단하는 의식 작용이 일어나지 않아

⑧ 無無明亦無無明盡乃至無老死亦無老死盡
　(무무명역무무명진내지무노사역무노사진)

무엇을 한다 해도 밝지가 않고, 또 밝게 하더라도 정성 없이 멋대로 하다가, 대체로 늙어 죽을 때에 이르러서는 역시 늙고 죽는 것도 뜻대로 되는 바가 없다는 것을 알게 되느니라.

⑨ 無苦集滅道無智亦無得以無所得故
　(무고집멸도무지역무득이무소득고)

괴로운[苦:고] 것이 모이고[集:집], 멸한다[滅:멸]는 四聖諦(사성제) 苦集滅道(고집멸도)의 성스러운 진리가 없다면 실천적인 삶을 통해 알 수 있는, 사물을 판단하는 능력이 생겨나지 않아 지혜로울 수 없고 또한 득이 되는 것이 없는 까닭에 얻을 것이 아무것도 없느니라.

3. 菩提薩埵依般若波羅密多故心無罣碍無罣碍故
　(보리살타의반야바라밀다고심무가애무가애고)

불타 정각을 이루기 위해 수행에 힘쓰거나 귀의한 사

람들은 '있는 그대로 참모습'에서 眞如實相(진여실상)의 올바른 깨달음을 얻게 되면 마음을 가로막는 장애가 없어지는 까닭에,

① 無有恐怖遠離顚倒夢想究竟涅槃
　　(무유공포원리전도몽상구경열반)
두려운 것이 있다가도 없어지고, 주객이 전도되는 잘못된 꿈과 생각을 멀리하고 '열반(절대 진리를 깨닫는 경지)'에 드는 공부를 하면서,

② 三世諸佛依般若波羅密多故得阿耨多羅
　　(삼세제불의반야바라밀다고득아뇩다라)
삼세제불의 眞如實相(진여실상)에 의지하면, 산비탈 언덕 구석까지 번져나간 많은 잡초를 없애는 것[耨:녹]처럼 번뇌 망상을 끊어 없앨 수 있느니라.

③ 三藐三菩提故知般若波羅密多
　　(삼먁삼보리고지반야바라밀다)
불타 정각을 알고자 한다면 있는 그대로의 참모습에

서 반야 지혜를 이루어 나아가야 하느니라.

4. 是大神呪是大明呪是無上呪是無等等呪
   (시대신주시대명주시무상주시무등등주)
 우주를 주제하는 초자연적인 존재에게 기도하고(是大神呪),
 크고 위대한 보살마하살에게 기도하며(是大明呪),
 하늘 위에 기도하고(是無上呪), 등등에게 기도하자(是無等等呪).

① 能除一切苦眞實不虛故說般若波羅密多呪
   (능제일체고진실불허고설반야바라밀다주)
능히[能:능] 일체의 괴로움[苦:고]을 덜어내고 없애는[除:제] 진실(眞實)은 허구[虛:허]가 아닌[不:불] 까닭[故:고]에 반야바라밀다주를 주문하고,

② 卽說呪曰揭諦揭諦波羅揭諦波羅僧揭諦
   (즉설주와아제아제바라아제바라승아제)
기도하며 세상에 있는 그대로의 참모습에서 진실을

깨닫고,

③ 菩提娑婆訶
　(보리사바하)
보리(菩提) 정각의 올바른 깨달음의 길로 나아가세!

우주법계의 진리

우주 법계의 진리가 지구에 투영되어 나타난 것이 무엇이기에 인류가 시름에 빠져있다는 것일까?

우주 법계는 우주 행성인 태양, 달, 지구, 목성, 금성, 화성, 수성, 행성들이 수를 늘려가고 있다.
지구 天体(천체)는 삼라만상이 수를 늘려가며 지구 중심축에서 지구시스템을 운영하며 인류문명을 발전시켜 왔으나 지구에 극이동으로 인해 지각변동이 일어나고 있다.
지구의 극이동이란 우주 변화 원리에 따라 지구 중심축이 바뀌는 것을 말한다.
이로 인해 지구의 극이동이 일어나 지각변동이 생기면서 인류는 대혼란기를 맞이하고 있다.

예로부터 사람들은 우주 천체는 불가사의한 존재가

이끌어간다고 믿고 있다.
인류는 우주 천체의 원리를 담은 달력(日月火水木金土, 1년 12달, 365일, 60甲子)을 사용하며 살아왔다.

지구의 子午線(자오선) 위도, 경도는 자석의 N극 S극이 같은 극은 서로 밀어내고, 다른 극은 서로 끌어당기며 동서(東西)는 해가 떠오르고 지는 통로이다.

우주 천체는 과학자들의 관점에서 생각해 볼 수도 있겠지만, 만물의 근원을 다루고 있는 반야심경은 달력을 토대로 12緣起(연기)를 설명한 것이다.
달력의 날짜와 함께 60甲子가 돌면서 삼라만상의 조화를 만들어 내는 것이 음양오행이다.

60갑자의 오행은,
10天干 : 甲 乙 丙 丁 戊 己 庚 辛 壬 癸
12地支 : 子 丑 寅 卯 辰 巳 午 未 申 酉 戌 亥

10天干과 12 地支(지지)는 甲(갑)과 子(자)에서 시작해서 한 바퀴 돌아, 甲子(갑자)로 다시 되돌아올 때의 날수로 계산하면 60일이 된다.
햇수[年:년]로 계산하면 60년 還甲(환갑)인데 멈추지 않고 돈다.

지구 천체의 극과 극을 연결하는 子午線(자오선)과 東西(동서)가 서로 교차하며 생겨난 바둑판의 직각 모양과 직물의 씨줄과 날줄이 교차하며 만들어 낸 그물 모양들은 오행의 12地支(지지) 중 子午線(자오선)을 기준으로 四季(사계)의 동서남북, 지리학, 천문학, 기상학 등 다양한 시스템으로 활용되고 있다

지구 중심축은 우주 四季(사계)의 변화에 따라 오대양 육대주로 이동하는데 지금은 東南(동남)의 艮方(간방)인 한반도가 지구의 중심축이 되고 있다.

지구 중심축은 우주의 정기가 모여드는 곳으로 지구 운영시스템이 작동하게 되면 사람들이 걱정 없이 편안

하고 즐겁게 살아갈 수 있는 지상 낙원이 이루어진다. 우주 천체의 공간 개념과, 지구 천체의 1년 12달을 시간 개념으로 한 우주 법계의 진리는 60 甲子가 돌아가는 달력을 푯대로 삼는다. 그 계절에 맞게 씨를 뿌리고 꽃피워 왔던 인류문명이 지금은 우주 가을인 결실의 계절을 맞이하고 있다.

농부가 봄에 씨를 뿌리고 여름에 가꾸고 가을에 추수하듯 사람은 因果의 法(인과의 법)으로 인간 추수를 하게 된다.

照見(조견) : 비추어보다

비출 照(조) 볼 見(견), 밝게 해서 보다, 깨우치다, 대조하여 보다, 알게 하다.

관자재보살(마고할미)이 세상을 돌아다니면서 사람들이 살아가는 모습을 비추어 보고 인생에 괴로울 苦(고)가 생겨나는 원인에 대해 말하고 있다.

지금의 사람들은 물질이 만능인 시대에 편안하고 안락한 삶을 누리고 살며, 돈만 있으면 모든 것이 다 잘 될 것으로 생각하기에 물질의 노예가 되어가고 있다.

물질 만능인 시대가 되다 보니 잘 살아야 하고, 많이 알아야 하고, 잘 배워야 한다는 삶의 가치를 모두 물질에 초점이 맞춰지고 있는 것이다.

이처럼 돈만 있으면 모든 것이 잘 될 것이라 생각하며 살아가는 사람들일수록 정신은 점점 황폐되어 간다.
그러다 보니 낳아서 길러준 부모도 필요 없고, 부부가 갈라서도 아무렇지 않고, 결혼하지 않고 살아도 아무렇지 않고, 능력[돈]만 있으면 혼자 사는 것이 오히려 편안하다고 생각한다.
이런 물질 만능시대에 가장 두드러지게 나타나는 것은 가족이 해체되고 있다는 점이다.
가족이 해체되면서 좋은 인연 만나기가 점점 힘들어지고, 사람보다 반려동물을 더 소중히 여기는 기현상이 생겨났다.

이런 현상에 대해 因果(인과)의 法(법)으로 알아보려 한다. 因果(인과)란 어떤 일로 인하여 나타나는 현상이 결과로 이어지는 것을 말한다.
좋은 인연을 만나기 위해서는 좋은 원인을 가지고 있어야 한다. 반대로 나쁜 인연을 맺지 않기 위해서는 나쁜 문제(원인)를 만들지 말아야 한다.

인연은 우연히 이루어지는 것이 아니다. 내가 원하는 것을 상대가 가지고 있을 때, 인연이 되어 만나게 되는 것은 우연 같지만, 내가 원하는 것을 연줄로 삼고 나 자신이 추구하고 싶은 간절한 마음이 서로 통하여 만나는 것이다.

이러한 인연으로 만나고 12緣起(연기)로 변하면서 얻게 되는 결실을 果(과)라 한다. 다시 말해 내가 원하는 것은 因(인)이라 하고, 상대와 緣(연)을 맺어 서로 변하면서 어떠한 결과를 얻게 되는 것을 12緣起法(연기법)이라 말한다.

인연을 맺게 되었다고 해서 좋은 결과를 기대해서는 안 된다.
내가 원하는 것을 가진 상대를 만났다 하더라도, 자신이 원하는 결과를 도출해 내는 과정을 반드시 겪어야만 한다.

12緣起法(연기법)은 아주 다양하고 복잡해서 시련

과 고통을 겪어야만 하는데 그 과정이 아무리 힘들어도 능히 감당해내고 극복할 수 있을 때 비로소 삶을 통해 영적 승화를 이룰 수가 있다.

내가 원하는 것을 상대가 가지고 있을 때 서로를 이어주는 연결점이 서로의 사연을 만들어가는 것이다,

그런 인연으로 서로가 사연을 만들어 갈 때는 내가 원하는 것이 상대에게만 있는 것이 아니라, 나에게도 상대가 원하는 것을 가지고 있기에 서로가 대등한 관계를 유지하게 된다.

내가 원하는 것이 상대에게 있을 때 상대가 갈구하는 것이 무엇인지 알아야만, 내 것을 상대에게 줄 수 있다. 그리면 내가 원하는 것도 얻을 수 있다.
서로 대등한 관계를 유지하기 위해서는 서로가 지켜야 할 도리를 잘 지켜나가면서 서로의 잘못된 점을 고치고 바꿔나가야 한다.

권위의식이 강한 사람일수록 상대를 억압하며 상대가 지고지순하게 따라주기를 바란다. 그러다가 부작용이 생기고 문제가 발생하게 된다.

문제가 생기기 시작하면 상대를 신뢰하지 않는다. 더 오래 인연을 이어가지 못하게 된다. 인연은 사람과 사람 사이에 연줄로 이어지는 것이라서 한 번 만난 인연이 멀어질 때 서로 원망하거나 원한 맺히는 일은 결코 없어야 한다. 즉 만날 때보다 헤어질 때 더 잘 헤어져야 한다.

인연을 잘못 맺게 되면 인생이 실타래처럼 엉키게 된다. 그리되면 잘 될 일도 안 풀린다. 그래서 결국 종교에 의지하며 살아가는 것을 본다.

자신의 본성을 찾고 不生不滅(불생불멸)의 영원한 생명의 길을 걷고 싶은 소망으로 종교에 의지하며 다닌다.
이는 사람들과의 인연을 맺고 살아오면서, 잘못한 일

이 누적되어 내 마음이 어두워졌기 때문이다.

기독교의 예수님께서 말씀하신 '나는 길이요 진리요 생명이다.'라는 것은 불교에서 영생의 길과, 不生不滅(불생불멸)의 영원한 생명의 길과 다 같은 뜻이다.

즉 예수님께서 말씀하신 영원한 생명의 길은 전 세계 사람들에게 널리 알려진 般若心經(반야심경) 내용과 같다.

사람이 나고 죽고 나고 죽는 輪廻(윤회)를 반복할 때는 다 이유가 있다. 이는 영원한 생명의 길을 걷기 위해서다.

영생의 길이 무엇인지도 모르고 살아가는 사람이라 할지라도 자신의 삶을 공들이고 공들이며 공든 탑을 쌓았으며 그 공든 탑이 무너질세라 애지중지하며 살아간다.

그렇게 쌓고 쌓은 공든 탑이 무너질 때는 가슴(억장)

이 무너지고 절망하여 좌절한다.

사람은 누구나 공든 탑을 쌓듯 자신의 삶을 애지중지하며 살아갈 때는 자신의 생명이 지속하기를 바란다. 이는 예수님의 '영원한 생명의 길'과 일반 사람들의 삶이 다른 듯 보이지만 그 속성은 결국 같은 것이다.

예수께서는 진리를 알고 '생명의 길'을 말씀하셨고, 보통 사람들은 간절한 마음으로 공든 탑을 쌓고 살아가기는 하나, 생명의 길을 알지 못해 문제를 만들고 살아가게 되니, 결국 공든 탑이 무너지는 것을 보게 된다.

내 마음속에 좋은 원인을 가지고 있으면, 좋은 결과를 볼 수 있지만, 자기 스스로 문제를 만들게 되면, 그 모든 것이 도로 아미타불이 되고 마는 것이다.

五蘊(오온)

五蘊(오온)의 色受想行識(색수상행식)은 빛[色] 감정[受] 생각[想] 행동[行] 등을 분별[識]하여, 보고[眼] 듣고[耳] 느끼고[鼻] 말하고[舌] 몸으로 겪은[身] 모든 것은 내 얼굴에 고스란히 나타난다.

눈[木]으로 본 것은 말의 언어[火]로 나타나고,
코[鼻:비]의 후각으로 느낀 것은
몸[土]의 행동으로 나타나고,
귀[耳:이]로 들은 소리[金]는 얼굴빛[水]으로 나타난다.

말과 행동은 상대적으로 반응하며 나타나는 것이기에 어느 정도 감정 조절을 할 수가 있으나 사람의 얼굴에 나타나는 여러 가지 표정들은 감출 수가 없다.
이는 사람의 마음이 얼굴 모양이나 얼굴빛으로 그대

로 나타나기 때문이다.

사람들은 얼굴이 잘생기고 못난 것에 집착하여, 성형하거나 화장하여 얼굴을 예쁘게 다듬어 보지만, 한 가지에 만족하지 못해 고치고 또 고치고 하다가, 결국은 본바탕의 얼굴을 스스로 망가트리는 것을 본다.

 얼굴의 생김새를 보고 부귀를 논하는 것을 觀相(관상)이라 한다.

그런데 관상보다는 心相(심상)이 더 좋아야 한다고 말한다. 사람의 생김새에 나타내는 관상 속에는 사람의 마음이 나타난다. 그 속에서 心相(심상)이 얼굴의 빛으로 나타난다. 사람의 얼굴은 잘생겼는데 그 얼굴 속에 정신이 나간 것처럼 초점을 잃고 살아가는 사람이 있는가 하면, 반대로 얼굴은 못생겼으나 그 얼굴 속에서 불굴의 의지를 나타내는 강인한 정신이 보이기도 한다.

언행은 사람과 사람의 관계를 이어주는 수단이 되지만, 사람의 본성을 회복하고 살아갈 때는 心相(심상)이 얼굴에 밝은 빛으로 나타난다. 반대로 본성을 잃고 살아갈 때는 얼굴에 어두운 마음의 그림자가 드리우는 것이다.

친구나 이웃을 만나고 좋아하는 사람들과 얼굴을 마주하면서 마음속에 스며드는 느낌은 그 무엇으로도 표현할 수는 없지만, 자신의 감정을 유발해서 나타나는 언행이 습관으로 굳어질 때는 운명이 되고, 일그러진 얼굴로 표정이 굳어질 때 心相(심상)을 덮게 되는 것이다

사람들은 자기 자신이 익숙하게 길들진 것에 마음을 움직이며 좋아하고 싫어하는 감정을 가지고 살아간다. 마음이 움직일 때는 어딘가 믿는 구석이 있다는 것인데, 그 믿는 마음이라는 것은 자신에게 익숙하게 길들여진 觀念的(관념적)인 견해일 수 있다.

자신의 관념적 견해로 인해 때로는 내가 좋아하던 것도 등지고 살아야 할 때가 있고, 정든 사람을 떠나보내거나 원하지 않는 일을 해야 할 때도 있다.

그런 심리적인 갈등을 극복하지 못할 때는 벗어날 수 없는 운명과 마주하기도 한다.
운명이 곧 인생이고 인생이 곧 삶이고 삶이 곧 운명인데, 유독 운명이라는 단어를 싫어하는 사람들이 많다.

그러나 운명을 믿지 않는 사람들조차도 때로는 나는 누구인가? 왜 사는가라는 철학적인 의문을 가지고 주어진 삶을 생각할 때가 있을 것이다.

무의식에서 시작되는 의문 '나는 누구인가.'라는 것은 '참나[自我]'를 알고 싶은 것이다.

'왜 살아야만 하는가?', '나는 누구인가?'라는 의문이 생기는 것은 생명의 눈을 가진 마음이 나를 깨우는 소리다.
생명을 눈을 가진 마음을 冥想(명상)이라 하는데, 명상은 자신의 관념적인 견해나 생각에 문제가 있을 때 명상을 하게 된다.
명상이라 하면 무슨 단체에서 특정인들이 하는 특별

한 공부라 생각할 수도 있는데 그렇지가 않다.

우리는 오래전부터 일상생활을 가운데 늘 습관처럼 명상해 왔었는데도 그것이 명상인 줄 모르고 살아왔을 뿐이다.

무슨 일을 시작할 때, 누구를 만날 때, 물건을 살 때, 마음이 갑갑하거나 일이 잘 안 풀릴 때 골몰하면서 생각에 잠기어 고심하는 버릇이 있다.
'어떻게 하는 것이 좋을까'라며 생각하는 것이 바로 冥想(명상)이다.

'冥想(명상)'은 '어두울 명(冖+日+六=冥)', 생각 상(木+目+心=想)이다.
생명[木]의 눈[目]을 가진 마음[心]을 통해 자신이 하고자 하는 일이나 풀리지 않는 문제들에 대해 自問(자문)하기도 하고 자신에게 답을 구하기도 하는 것을 말한다.

本心本太陽 (본심본태양 : 천부경)

사람의 본래 마음은 태양처럼 밝았으나 마음이 어두운[冥] 것은 태양[日]처럼 밝은 마음을 사람의 몸[六=肉]이 덮고[冖] 있어 보지 못하기에 冥想(명상)을 하며 자신의 본성을 회복하며 살아왔던 것이다.

마음이 밝으면 번뇌 망상이 일어나지 않지만, 마음이 어두우면 번뇌 망상에 사로잡히어 눈뜬장님이 되어 살아야 하기에 생활이 자유롭지 못하고 운명이라는 늪에 빠져들게 된다.

만병의 근원은 마음에서 일어난다고 하듯이 마음은 실체가 없어 사람 눈으로 보거나 만질 수는 없지만, 마음은 생명의 눈을 가지고 있어 마음을 쓰기도 하고, 마음을 받기도 하고, 마음의 소리를 들을 수도 있어 마음을 먹기도 하고, 마음을 주기도 하는 등 마음을 마음대로 활용하며 살아간다.

마음이 불안할 때는 하는 일마다 엇박자가 나고 매사가 순조롭게 풀리지 않는 것은 마음을 잘못 쓴 것이 실타래처럼 엉켜있고, 엉켜있는 실타래를 제대로 풀지 못해서 그런 것이다.

마음을 잘못 써서 생긴 일들은 스스로 풀어가야 하는데 남에게 의탁하여 풀려고 하다가 도리어 부작용이 일어나는 사례들을 많이 본다.

是諸法空相 不生不滅
(시제법공상 불생불멸)

진실을 통하고 보면 모든 것이 마음 하나로 이어져 있고, 진실은 不生不滅(불생불멸), 나거나 죽지 않는 '있는 그대로 참모습'이라는 것을 안다.

지구 천체에 있다는 내핵과 외핵을 사과의 열매 속에 들어있는 씨앗에서 찾아보자.

사과 씨앗은 내핵으로 보고 씨앗을 감싸고 있는 열매는 외핵으로 본다.
내핵은 그 생명만의 고유하고 순수한 열에너지가 들어있는 물질로 보고, 외핵은 열에너지를 감싸고 있는 물질로 본다.

내핵과 외핵 속에는 똑같은 地水火風(지수화풍)이

들어있지만, 지수화풍의 물질이 어떠한 비율로 섞였느냐에 따라 사과도 같은 것이 없고 저마다 다른 특성을 가지게 되는 것이다.

사과의 씨앗을 땅에 심고 그 씨앗이 사과나무로 성장하여 나무에 꽃이 피고 열매가 열리고 무르익기 시작하여 완전한 상품을 갖출 때면 사과 열매와 씨앗은 지구 천체의 내핵과 외핵의 모형을 닮은 형체를 갖추게 된다.
사과는 생명 활동을 하는 성장 과정에서 사과 열매와 씨앗 속에 정제된 순수물질로 사과의 因子(인자)를 만들고 그 인자로 輪廻(윤회)한다.

생명은 열매의 씨앗 속에 순수한 열에너지로 자신의 생명을 복원할 수 있는 힘을 모으고, 인연을 만나면 뫼비우스 띠의 꼬리를 물고 輪廻(윤회)하며 살다 간다는 것을 설명한 것이 12緣起(연기)이다.

절대 진리를 우주적인 관점에서 설명하기는 힘들지만,

진리는 모두 하나로 통하고, 만 가지 일이 하나로 이어져 있기에 사과의 씨앗으로 설명할 수 있는 것이다.

사람의 손으로 길러진 사과는 사람의 입장에서는 육질이 단단하고 새콤달콤하고 아삭하고 과즙이 살아있는 그런 상품성 좋은 사과를 만들기 위해 힘쓰겠지만, 사과의 입장에서는 사과의 핵 속에 순수물질의 열에너지를 가두고 자가 복제하는 데 힘을 쏟을 것이다.

사과의 상품성이 갖춰지고 누군가에게 먹을거리를 제공하고 나면 사과의 생명이 끝난 것 같지만, 끝난 것은 끝난 것이 아니라 인연을 만나게 되면 씨앗 속에 저장된 기억(프로그램)대로 또 다른 시작이 이어진다는 자연의 섭리가 절대 진리인 것이다.

空(공)의 假相世界(가상세계)

空(공)으로 생각할 수 있는 내용들.

空은 진리를 통하고 보면 막힘이 없다.
空은 보이지 않는 정신세계(마음).
空은 나와 같은 내가 假相(가상)으로 존재한다.
空 중에서 나와 같이 假相(가상)으로 존재하는 나에 대해 다루어 보고자 한다.
假相(가상)은 매트릭스와 같이 거짓으로 존재하는 나를 말하는 것인데 이것의 근거는 輪廻(윤회)에서 찾아볼 수 있다.

사과 열매로 輪廻(윤회)를 다루었듯이, 나는 과거로부터 윤회한 것이고, 과거는 지나간 시간이므로 假相(가상)으로 보지만, 假相(가상)은 현재의 나로 봐서는 과거에 존재했던 나 자신이다.

우리는 항상 오늘(현재)을 살면서 어제의 나를 있게 했고 미래의 나를 만들어 간다.

과거는 지나간 시간 속에 존재했던 나 자신이기는 하나 우리는 어제를 살아갈 수 없으므로 과거를 假相(가상)이라 하는 것이다.

과거 현재 미래 중에서 현재 속에 존재한다는 내용을 자연을 인용해서 보면 이해하기가 좀 더 수월해진다.

假相(가상) 속에 존재하는 나와 같은 존재는 과거의 존재했던 나 자신이므로 그(과거)때는 맞고 지금(현재)은 틀리다.

假相(가상) 속에 존재하는 나는 현재의 나에게 어떠한 영향력을 행사하고 있을까?

명상을 하며 생명의 눈을 가진 마음과 자문자답을 하며 만나는 존재는 假相(가상) 세계에 존재했던 나를 닮은 기억이다.

내 과거의 기억이 현재의 나를 인식하고 일깨워 주기 위해 힘쓰고 있는 것이다.

假相(가상)의 나는 과거에 살아오며 경험한 기억이기에 현재를 살아가고 있는 내가 과거의 기억을 너무

신뢰하게 되면 착시 현상을 일으키는 착각에 빠져 假相(가상)에서 벗어날 수 없게 된다.
과거의 삶을 거울삼아 현재의 삶을 충실하며 살아갈 때 환경도 바꾸고 새로운 인연도 만날 수 있다.

현실과 가상을 어떻게 구별할 수 있는가?
생전 처음 가보는 장소에서 자신도 모르게 幻影(환영) 같은 것을 경험한 적이 있을지도 모른다.
처음 가본 장소에서 느끼게 되는 이상한 감정, 여기 많이 와봤던 장소 같은데 하는 旣視感(기시감).
할머니 또는 그 누군가와 많이 와봤던, 그래서 전혀 낯설지 않다는 강한 의구심이 든다든가,
처음 본 사람인데 친근감이 들고 어디서 많이 본 사람 같다는 생각이 든다든가 하는 것은 기억 속에 있었던 일들이 환영처럼 비춰지는 것일 수도 있다.
이러한 환영 정도는 살아가는 데 큰 피해는 주지는 않지만, 그 환영에 의지해서 어떤 이유나 조건 없이 어떤 상을 만들고 살아가게 되면 피해의식을 키워나갈 수 있다.

과거의 기억이 환영으로 나타나는 것은 자기 암시라고도 할 수도 있는데 자기 암시는 자신에게 선한 영향력으로 나타나는 것보다 지울 수도 없고 지워지지도 않는 業報(업보)로 나타나는 것이 더 많을 수 있다.
그 내용은 대충 이러하다.
과거 속에서 죽음을 맞이하였을 때 이승에서 잘 살다 가는 사람들도 마음속에 悔恨(회한)이 남아 잘못을 뉘우치고 한탄하게 되는데, 남을 원망하며 살다 가는 사람들은 원한은 품고 앙갚음하려는 마음을 안고 살다 가는 사람들도 많다.
죽음을 맞이하는 사람들을 보면서 이승에서 잘 살다 가는 사람이나, 원한 맺힌 삶을 살다 가는 사람이나 이승에서의 삶은 그렇게 녹녹하지 않다는 것을 알게 된다.
이승에서 살다가 저승으로 돌아갈 때는 모든 마음을 내려놓고 마음을 비우고 가벼운 마음으로 떠나야 한다. 마음에 품은 원한에 집착하고 저승길에 오르게 되면 가벼운 마음으로 하늘에 오르지 못하고 자신의 원한을 풀기 위해 九泉(구천)을 떠돌면서 원한을 풀기 위해 떠돌아다닐 수 있다.

현재의 내 기억 속에서 나타나는 의문은 직접 눈으로 확인해 보고 진실을 가늠할 수 있어야 하는데 나의 觸(촉)을 믿는다며 호언장담을 하듯 말하거나 행동하는 것은 자신을 위험에 빠뜨릴 수 있다.

지금의 나는 과거의 나와 별반 달라질 것이 없는 것 같아 보이지만, 과거는 假相(가상)이고 현재는 實相(실상)이니 현재의 나 자신을 얼마나 믿고 신뢰할 수 있는지, 나 자신이 얼마나 진실한 사람인지 나 자신부터 알고 보아야 한다.
'너 자신을 알라.'고 말한 그리스 철학자 소크라테스의 말을 상기시켜 보면 진실은 예나 지금이나 변함이 없는 것이다.

진실도 자신이 자신을 생각하는 진실과, 상대가 나를 보는 진실은 차이가 난다.
인생이라는 것은 원래 있어도 걱정 없어도 걱정을 하

며 살아야하기 때문에 진실을 깨닫지 못하면 밝은 삶을 살아갈 수 없다고 하였던 것으로 본다.

불교의 無我(무아)를 '나는 존재하지 않는다,'라고 말하는 사람들이 있다. 한자로 풀이해 보아도 '나[我]가 없다[無]'는 뜻이 된다.

나의 존재가 없다면서 '참나[自我]'를 찾는 공부를 하며 살아간다.
'참나'를 찾는 공부를 할 때는 나 아닌 거짓을 버리고 진실한 나를 찾겠다는 것이다.
無我(무아)의 진실은 무엇일까?
12緣起(연기)는 일정하게 정한 것이 없이 변한다는 말인데, 연기를 다른 말로 하면 無常(무상)이고, 이 무상(無常)이 불교의 핵심 사상이다.
12緣起(연기)는 '法은 만인 앞에 평등하다.'는 평등사상이기도 하다.
사람은 누구나 똑같은 인생을 살면서 스스로 자신을 이루어나가는 것이기에 법은 만인 앞에 평등하다고

했는지도 모른다.

출발선에서 똑같이 출발하였지만, 사람마다 생각하는 것이 다르기 때문이리라. 자신이 좋아하는 삶의 방식이 달라도 진리를 향해 가는 길을 다 같기 때문에 누가 어떠한 삶을 살더라도 용기를 잃지 말고 진리를 향해 나아가라는 뜻에서 '진리가 너희를 자유롭게 한다.'라고 하신 것으로 본다.

사람이 이 세상에 태어날 때는 엄마의 자궁에서 나오기도 했거니와 四柱八字(사주팔자)를 가지고 나온다. 몸의 생명은 부모의 유전을 이어받은 것이고, 四柱(사주)는 과거의 이력(=前生錄전생록)을 가지고 나온 것이다.

부모에게 받은 몸의 생명은 습관에 젖어있고, 과거의 이력은 실체가 없이 기운으로 존재하는 것이지만, 자신의 삶에 막대한 영향력을 발휘한다.

몸의 생명과 과거의 이력(=前生錄전생록)을 가진 사주는 서로 체용 관계로 본다.

사주의 기운이 몸에 用事(용사)하는 것인지, 몸이 사

주의 기운을 용사하는 것인지 알 수 없을 정도로 밀접한 관계를 유지하고 있다.

내가 운명을 살아가는 것인지 운명이 나를 살게 하는 것인지 알 수 없다는 뜻이다.

그러나 분명한 것은 사주는 假相(가상) 속에서 나를 닮은 나 자신이 만들어 낸 내 기억들이다.

과거의 이력이 기록되어 있는 전생록(사주)은 자연이 순환하는 원리에 따라 받은 것 당할 것 줘야 할 것들을 모두 내주면서 四聖諸(사성제) 苦集滅道(고집멸도)의 피해갈 수 없다. 그 아픔의 성스러운 진리를 경험하며 살아가야 만 한다.

四聖諦(사성제)의 아픔을 경험하고 그 경험 속에서 진실을 마주하게 되더라도 나를 닮은 假相(가상)의 나에게 집착해서는 안 된다. 사주는 자신의 전생록과 같은 것이기에 자신이 과거에 무슨 일을 하고 살았는지 잘 알 수 있을 정도로 잘 맞는다.

그러나 현생에서는 전생록에 나타나는 자신의 과거를 他山之石(타산지석)으로 삼고 현실에 충실하며 살아야 하는 것이다.

四大(사대)가 모여 생긴 몸이나 사대로 만들어진 사주팔자는 어떤 모양의 형태는 갖추고는 있지만, 그 속에 들어갈 내용물을 자신이 어떤 행위를 하고 살아가느냐에 따라 자기 스스로 빠져나올 수 없는 운명을 만들기도 한다.

하지만 자기 스스로 운명을 개척하며 살아갈 수 있기에 자신의 의지에 따라 자신이 무엇이든 바꾸어 나갈 수 있는 것이다.

같은 날에 태어난 수많은 사람이 서로 다른 삶을 살아가는 것은 사람의 운명은 일정하게 정해진 것이 없다는 것이 그 이유이기도 하다.

四大(사대)의 地水火風(지수화풍)은 무한한 가능성을 가지고 있고, 사람은 진실한 마음으로 四大(사대)의 순수한 에너지를 모아 자신의 잠재된 능력을 발휘하며 살아가는 것이 인생이다.

원인 과정 결과 중에서 지금 현재를 살아가고 있는 우리의 삶은 원인을 가지고 왔다가 생명 활동을 하는 과

정의 삶을 살면서 결과를 만들기 위해 살아가고 있다. 내 삶의 결과는 누가 만들어 주는 것이 아니라 나 스스로 만들어가는 것이기에 인생은 소중한 것이다.

無常(무상)

우리의 일상은 변함이 없는 듯하다. 태엽에 감겨 돌아가는 시계는 하루 24시간을 넘기지 못하고 다람쥐 쳇바퀴 돌듯 돌아간다.
반복된 시간 속에서 반복된 생활을 하며 살아가는 것 자체가 지루할 법도 한데…….
달력의 날짜와 오행은 일정하게 정해진 것 없이 하루도 쉬지 않고 돌아간다.
제철에 나오는 과일을 보고 유통기한이 있다는 것을 알고, 유통기한이 지나면 썩어 없어지기도 하고, 과일의 기운이 벌레로 둔갑해서 나오는 것을 보기도 한다 .
사람의 영혼도 식물과 다르지 않다.
영혼이 순수하면 유통과정도 길고 또 자신이 태어나고 싶은 곳에 스스로 선택해서 태어날 수도 있지만, 영혼이 탁하거나 맑지가 못하면 좋은 인연 만나기가 하늘의 별 따기처럼 힘들고, 본인의 의지와 상관없는 열

악한 환경에서 태어나기도 하고 사람의 영혼도 유통기한을 넘기게 되면 사람이 아닌 다른 기운으로 옮겨가기도 하여 사람으로 태어난다고 장담할 수도 없다.

사람들과 인연을 맺어 친분을 쌓고 우정을 나누다가 약속된 시간이 지나면 이별해야 한다는 것을 알고, 철 따라 찾아온 인연은 철 따라 떠나간다는 것을 안다.
이별 없이 이어지는 인연이 없다는 것은 알지만, 인연의 소중하게 생각하는 것은 다음 생을 준비하기 위해 서로가 서로의 연줄을 만들기 위해 서로에게 귀감이 되는 공덕 행으로 내가 좋으면 너도 좋다는 自利利他(자리이타) 행을 실천하며 좋은 인연을 만들어가고자 하는 것이다.

인연을 만나서 자신에게 이익이 되게 하려다가 잘못하면 오히려 독이 될 수 있다 하여 自業自得(자업자득), '자기가 저지른 일은 자기가 되받는다.' 것에 주의를 기울여야 한다.
인과응보, '선을 행하면 선의 결과가, 악을 행하면 악의 결과'를 두고 '나는 내 속에서 나온다.'는 말을 하는 것이다.

하루를 살더라도 진실한 마음으로 살다 보면 굳이 자신의 본성을 찾으려고 애쓰지 않는다 해도 진실한 마음속에서 자기 본성을 보게 될는지도 모른다.

삶을 살아가는 동안 만났던 수많은 사람과 인연을 맺고 함께한 시간 속에서 나는 얼마나 진실한 삶을 살아왔을까?
보기 싫다고, 마음에 안 든다고, 귀찮다고, 도움이 안 되고 손해를 본다며 사람들을 외면하고 살다보면 그동안 만났던 인연들은 모두 떠나고 외톨이가 될 수 있다.

외톨이가 되어 고독한 삶을 살면서도 고독을 즐기며 산다면 문제가 되지 않을 수도 있겠지만, 그것이 삶의 외로움과 괴로움으로 이어진다면 지난날의 삶을 되돌아보고 깊이 성찰해 보지 않을 수 없다.

삶의 과정을 담은 기억 속의 정보들이 모여 유전인자를 만들고, 타고난 유전인자가 자신의 운명을 만들어 가기 때문에 깨달음에 이르지 못하면 스스로 자신의 운명을 바꾸어 나가기가 여간 힘든 것이 아니다.

이승에서 살아갈 때는 저승의 일을 모르기 때문에 저승 이야기를 눈으로 본 듯 아는 듯 말을 할 수는 없다. 그러나 사람도 자연의 일부이므로 자연을 통해 배우는 것이 있기에 인생 이야기를 할 수 있는 것이다,

생명은 자신이 태어나고 싶다고 태어나는 것이 아니라 우주 천체의 원리에 따라 스스로 있는 자, 다시 올 자가 되어 12緣起(연기)로 된 둥근 원의 뫼비우스 띠를 물고서 輪廻(윤회)한다.
四大(사대)의 地水火風(지수화풍)은 생명 그 자체로써 지구에 미치는 파급효과가 얼마나 크게 작용하는지 태풍과 홍수 가뭄이나 산불을 통해서 알 수 있다.
큰 힘은 지구적 재앙을 불러오기도 하고 힘의 수위를 적당히 조절한다면 지상 낙원이 되기도 한다.

사람도 자연의 힘을 활용하며 영혼을 힘을 기르며 살아가기에 삶의 힘든 시간을 인내하고 버텨온 시대정신이 힘의 원천으로 작용한다.
오랜 시간 수행하듯 인내하고 살며 불손한 생각이나 그릇된 마음을 걸러내고 마음과 생각이 정화될 때 몸과 정기가 뭉쳐서 순수한 정신이 잠재능력으로 나타나는 것이다.

흙과 물이 섞이면 변화하듯 마음과 정기가 뭉쳐지는 것도 인연의 작용으로 본다.
순수한 마음이 반딧불처럼 아주 작을 수도 있고, 태양처럼 밝고 크게 빛날 수도 있다. 빛이 깜빡하고 순식간에 사라질 수도 있고, 절대 진리를 가진 부처님처럼 영원불변한 빛을 만들어 낼 수도 있다.
우리는 무엇이든 얻을 수 있는 현실에서 무한한 가능성에 도전하며 살아가는 존재들이다.

眞如實相(진여실상)

있는 그대로의 참모습 중에서 싸움은 하루도 빠지지 않고 일어난다. 구경 중에 제일은 불구경과 싸움 구경이라는데, 세상이 온통 진실의 참모습을 알지 못해 진실게임에 빠져서 나는 옳고 너는 그르다, 나는 진실한 말을 하고 너는 모르는 말로 사람을 속이려 한다는 말들의 논쟁 속에 살아간다.

진실을 위해 진실을 위한 진실게임을 하며 그 진실게임은 싸움으로 치닫는다.

알고 보면 세상은 진실을 위해 진실게임을 하며 살아가는 전쟁터와 같은 곳이다.

사람이 본능적으로 진실에 매달리게 되는 것은 때 묻지 않은 純粹(순수)를 좋아하기 때문이다. 진흙 속에서 피는 연꽃처럼 진흙 속에 빠져 살면서도 汚辱(오욕)에 물들지 않기를 바란다.

그 순수한 마음은 자신도 지키지 못하면서 상대가 그렇게 살아주기를 바라며, 세상을 탓하고 상대를 비난하며 진흙탕 싸움을 하고 있다. 진실 싸움은 진실로 판가름이 나야하는데 그놈의 자존심 때문에 빈대 잡으려다 초가삼간 다 태운다는 말이 있듯이 진실의 본질은 사라지고 힘자랑이나 자존심으로 승부를 내려하니 싸움판은 날로 살벌해진다.

진실은 나에게 있고 내가 원하고 바라는 것은 내 속에 답이 있는데, 내 속에 있는 답을 남에게 확답을 받아내려다가 내가 원하는 답을 얻지 못할 때 남을 원망하게 된다.
다른 사람에게서 진실을 찾으려 하지 말고, 나 자신에게서 진실을 찾아야 '참나[自我 : 자아]'를 알 수 있다.

내가 원하는 진실을 '話頭(화두 : 이야기의 첫머리)'로 삼고 그 원하는 것이 무엇인지 알기 위해서는 자신과 싸우며 '참나'를 찾으며 살아가는 것이 인생인 것이다.

사랑의 진실을 추구한다면 나 자신이 추구하는 '사랑'을 화두로 삼고 내가 알고 있는 사랑이 무엇인지 사랑을 통해 나를 찾는 공부를 해야 한다.

사랑의 진실을 남의 말에 의존해서 찾으려 하지 말고 바람처럼 스쳐 지나가는 생각들을 잘 음미해보면서 자신이 생각하고 있는 진정한 사랑이 무엇인지 알아내고 잘못된 생각들을 하나씩 바루어 나가면서 '있는 그대로의 참모습'에서 진정한 사랑을 찾게 된다면 자신의 본성을 회복하게 된다.

스스로 공부하여 '참나[自我 : 자아]'의 가치를 끌어올릴 수 있다면 삶의 진리가 무엇인지 알게 되는 것이다. 천릿길도 한 걸음부터! 오던 길도 되돌아보고, 우물을 파도 한 우물을 파야 한다는 말들이 단순해 보여도 사람들이 가야 할 길을 알려주는 진리인 셈이다.

사랑이라는 이름으로 내가 나를 속박하거나 남의 자유를 속박하며 살아가는 것은 진정한 사랑이 아니라는 것도 알게 된다.

無我(무아)

'나라는 존재가 없다.' 거나 '나의 존재를 잊었다.'고 해석하기도 한다.

空(공)과 無我(무아), 無常(무상)은 참나[自我 : 자아]를 찾기 위해 공부하는 수행자들에게 엄청난 파장을 불러일으키는 단어이다.

수행자라고 하면 종교에 귀의하거나 산에 들어가 도를 닦는 사람들뿐만 아니라 일상 생활이 수행이라 생각하며 살아가는 사람들도 모두 포함되니 우리 모두에게 해당된다.

'無我(무아), 내가 없다면서 참나[自我 : 자아]를 찾기 위해 공부를 하는 것'은 無常(무상), 일정하게 정한 것이 없기에 화두를 정하고 冥想(명상)을 하면서 '참나'를 찾는 공부를 하게 되는 것인데 말의 의미를 제대로 알지 못하면 자기모순에 빠져서 헤어나지 못할 수 있다.

나라는 존재는 딱히 정한 것은 없지만, 몸과 마음을 통합한 眼耳鼻舌身意(안이비설신의) 즉 마음, 생각, 지혜, 감정, 기분을 나타나는 것이므로 내가 다른 것으로 변해간다는 것이다.

다른 것이란 몸과 마음이 추구하는 것에 따라서 내가 생각했던 진실이 변한다.

사랑, 질투, 돈, 명예, 행복, 불행 등. 다른 무엇으로 변하고 변해가면서 그 변한 것이 내 삶을 이끌어간다고 믿고 있기에 생명의 눈을 찾는 마음공부를 하지 않을 수 없다.

몸을 나라고 생각하는 사람은 몸을 치장하기 위해 삶의 전부를 바칠 것이고, 그러다가 몸이 내가 아니라고 느낄 때는 또 다른 그 무엇으로도 변할 수 있다.

평생 불러주는 이름이 나라고 생각할 수도 있다. 내가 태어날 때 부모님이 지어 불러주던 이름이 나를 담는 그릇으로 생각할 때는 내 삶을 모두 담아내도 줄거나 넘치지도 않아 죽을 때까지 사용하며 살다가도 모자람이 없이 이름값을 하며 살아간다.

옛말에 '호랑이는 죽어서 가죽을 남기고, 사람은 죽어서 이름을 남긴다.'는 말이 있듯이 몸은 죽으면 四大(사대=地水火風)로 흩어지기에 이름 속에 내 삶의 흔적들을 담아 나를 오래 기억해 달라고 이름을 쓰다 가는 것이 아닐까 생각해 본다.
인생이 나인지 내가 인생인지 삶의 활력은 잃지 않고 쉼 없이 돌아가는 운명의 수레바퀴에 피로감을 느낄 때가 많이 있다.

無我(무아), 나의 존재가 없다면서 이토록 고뇌하며 살아야만 하는 이유가 무엇일까?
無我(무아), 나의 존재가 없는 것과 나의 존재를 잊은 것의 차이는 엄청나다,
無我(무아), 나의 존재가 없다고 설정해서 공부할 때는 나의 존재가 없다고 했으니 마음을 비우는 공부를 해야 하는데 어떤 마음은 비워야 하는지 알 수 없어 공부 방향을 정하기가 어려울 수 있다.
그러나 無我(무아), '나의 존재를 잊은 것'으로 설정하고 생명을 눈을 가진 마음 따라 생명의 길을 걷다

보면 나의 존재를 잊게 한 것이 無明(무명)이라는 것을 알 수 있다.

無明(무명), 마음이 어두워서 생명의 눈을 가진 진리를 찾지 못해서 어두운 인생을 살아왔던 나 스스로를 등불 삼고 自燈明(자등명), 보리정각의 절대 진리인 여래의 眞如實相(진여실상)을 등불 삼아 法燈明(법등명), 생명의 길을 따라가야 하는 분명한 삶의 길을 알 수 있다.

萬法歸一(만법귀일), 一歸何處(일귀하처)

만 가지의 법이 하나로 돌아간다. 하나의 법이 만 가지의 법으로 통하고 만 가지의 법은 하나로 돌아간다. 법은 진실이고 진실을 밝히는 진리는 하나지만, 내가 내 인생의 주인이고 내가 세상의 주인이라는 생각하고 살다 보면 사람마다 자신이 바라보는 기준이 진실이 되고, 그 진실들이 만 가지가 넘는다 해도 사람들이 갈 곳은 한곳이기에 그 한곳으로 모여든다는 뜻이다.

우주 천체의 원리에 따라 지각변동으로 극이동이 일어나고, 지구 중심축에 우주의 정기가 모여드는 곳, 萬法歸一, 一歸何處(만법귀일 일귀하처)는 지구시스템을 운영하는 한반도 남쪽 紫微垣(자미원)이다.

글쓴이 : 이 유 림
1962 년 경북 김천생

010-9932-3125

후원계좌
농협 811105 56. 083297
이유림

예 다 인

서울특별시 중구 충무로7길 21
전　　화 : 02 2266 5005
팩　　스 : 02 2266 5005
손전화 : 010 4357 5005
w8585@hanmail.net

般若心經

지은이- 이 유 림　　발행인- 유 재 경

펴낸날 : 2025. 8. 1

ISBN 979-11-989430-6-4

값 10,000 원